PREFÁCIO

A coleção de frases de viagem "Vai tudo correr bem!" publicada pela T&P Books é concebida para pessoas que vão ao estrangeiro em viagens de turismo e negócios. Os livros de frases contêm o que é mais importante - o essencial para uma comunicação básica. Este é um conjunto indispensável de frases para "sobreviver" no estrangeiro.

Este Guia de Conversação irá ajudá-lo na maioria das situações em que precise de perguntar alguma coisa, obter direções, saber quanto custa algo, etc. Pode também resolver situações de difícil comunicação onde os gestos simplesmente não ajudam.

Este livro contém uma série de frases que foram agrupadas de acordo com os tópicos mais relevantes. Também encontrará um mini dicionário com palavras úteis - números, tempo, calendário, cores ...

Leve consigo para a estrada o Guia de Conversação "Vai tudo correr bem!" e terá um companheiro de viagem insubstituível, que irá ajudá-lo a encontrar o seu caminho em qualquer situação e ensiná-lo a não recear falar com estrangeiros.

TABELA DE CONTEÚDOS

Pronúncia   5
Lista de abreviaturas   7
Guia de Conversação Português-Árabe   9
Mini Dicionário   73

T&P Books Publishing

Coleção Guias de Conversação
"Vai tudo correr bem!"

T&P Books Publishing

GUIA DE CONVERSAÇÃO
— ÁRABE —

AS PALAVRAS E AS FRASES MAIS ÚTEIS

Este guia de conversação
contém frases e perguntas
comuns essenciais para uma
comunicação básica
com estrangeiros

Andrey Taranov

T&P BOOKS

Frases + dicionário de 250 palavras

Guia de Conversação Português-Árabe e mini dicionário 250 palavras

Por Andrey Taranov

A coleção de frases de viagem "Vai tudo correr bem!" publicada pela T&P Books é concebida para pessoas que vão ao estrangeiro em viagens de turismo e negócios. Os livros de frases contêm o que é mais importante - o essencial para uma comunicação básica. Este é um conjunto indispensável de frases para "sobreviver" no estrangeiro.

Também encontrará um mini dicionário com 250 palavras úteis necessárias para a comunicação do dia a dia - os nomes dos meses e dias da semana, medidas, membros da família e muito mais.

Editora T&P Books
www.tpbooks.com

ISBN: 978-1-78716-951-7

Este livro também está disponível em formato E-book.
Por favor visite www.tpbooks.com ou as principais livrarias on-line.

PRONÚNCIA

Alfabeto fonético T&P	Exemplo Árabe	Exemplo Português
[a]	طفّى [ṭaffa]	chamar
[â]	إختار [iχtâr]	rapaz
[e]	هامبورجر [hamburger]	metal
[i]	زفاف [zifâf]	sinónimo
[ī]	أبريل [abrīl]	cair
[u]	كلكتا [kalkutta]	bonita
[ū]	جاموس [ӡâmūs]	trabalho
[b]	بداية [bidâya]	barril
[d]	سعادة [sa'âda]	dentista
[ḍ]	وضع [waḍ']	[d] faringealizaçâda
[ӡ]	الأرجنتين [arӡantīn]	talvez
[ð]	تذكار [tiðkâr]	[th] faringealizaçâdo
[z]	ظهر [zahar]	[z] faringealizaçâda
[f]	خفيف [χafîf]	safári
[g]	جولف [gūlf]	gosto
[h]	إتّجاه [ittiӡâh]	[h] aspirada
[ḥ]	أحبّ [aḥabb]	[h] faringealizaçâda
[y]	ذهبيّ [ðahabiy]	géiser
[k]	كرسيّ [kursiy]	kiwi
[l]	لمح [lamaḥ]	libra
[m]	مرصد [marṣad]	magnólia
[n]	جنوب [ӡanūb]	natureza
[p]	كابتشينو [kaputʃīnu]	presente
[q]	وثق [waθiq]	teckel
[r]	روح [rūḥ]	riscar
[s]	سخريّة [suχriyya]	sanita
[ṣ]	معصم [mi'ṣam]	[s] faringealizaçâda
[ʃ]	عشاء ['aʃâ']	mês
[t]	تنّوب [tannūb]	tulipa
[ṭ]	خريطة [χarīṭa]	[t] faringealizaçâda
[θ]	ماموث [mamūθ]	[s] - fricativa dental surda não-sibilante
[v]	فيتنام [vitnâm]	fava
[w]	ودّع [wadda']	página web
[χ]	بخيل [baχīl]	fricativa uvular surda
[ɣ]	تغدّى [taɣadda]	agora

Alfabeto fonético T&P	Exemplo Árabe	Exemplo Português
[z]	ماعز [mã'iz]	sésamo
['] (ayn)	سبعة [sab'a]	fricativa faríngea sonora
['] (hamza)	سأل [sa'al]	oclusiva glotal

LISTA DE ABREVIATURAS

Abreviaturas do Árabe

du	-	substantivo plural (duplo)
f	-	nome feminino
m	-	nome masculino
pl	-	plural

Abreviaturas do Português

adj	-	adjetivo
adv	-	advérbio
anim.	-	animado
conj.	-	conjunção
desp.	-	desporto
etc.	-	etecetra
ex.	-	por exemplo
f	-	nome feminino
f pl	-	feminino plural
fem.	-	feminino
inanim.	-	inanimado
m	-	nome masculino
m pl	-	masculino plural
m, f	-	masculino, feminino
masc.	-	masculino
mat.	-	matemática
mil.	-	militar
pl	-	plural
prep.	-	preposição
pron.	-	pronome
sb.	-	sobre
sing.	-	singular
v aux	-	verbo auxiliar
vi	-	verbo intransitivo
vi, vt	-	verbo intransitivo, transitivo
vp	-	verbo pronominal
vt	-	verbo transitivo

GUIA DE CONVERSAÇÃO ÁRABE

Esta secção contém frases
importantes que podem vir
a ser úteis em várias
situações da vida real.
O Guia de Conversação irá
ajudá-lo a pedir orientações,
esclarecer um preço,
comprar bilhetes e pedir
comida num restaurante

T&P Books Publishing

CONTEÚDO DO GUIA DE CONVERSAÇÃO

O mínimo	12
Perguntas	15
Necessidades	16
Perguntando por direções	18
Sinais	20
Transportes. Frases gerais	22
Comprando bilhetes	24
Autocarro	26
Comboio	28
No comboio. Diálogo (Sem bilhete)	29
Taxi	30
Hotel	32
Restaurante	35
Centro Comercial	37
Na cidade	39
Dinheiro	41

Tempo   43
Saudações. Apresentações   45
Despedidas   47
Língua estrangeira   49
Desculpas   50
Acordo   51
Recusa. Expressão de dúvida   52
Expressão de gratidão   54
Parabéns. Cumprimentos   55
Socializando   56
Partilha de impressões. Emoções   59
Problemas. Acidentes   61
Problemas de saúde   64
Na farmácia   67
O mínimo   69

T&P Books Publishing

Desculpe, ...	ba'd ezznak, ... بعد إذنك، ...
Olá!	ahlan أهلا
Obrigado /Obrigada/.	ʃokran شكراً
Adeus.	ella alliqā' إلى اللقاء
Sim.	aywā أيوة
Não.	la'a لأ
Não sei.	ma'raʃʃ ما أعرفش
Onde? | Para onde? | Quando?	feyn? | lefeyn? | emta? إمتى؟ | لفين؟ | فين؟

Preciso de ...	meḥtāg ... محتاج ...
Eu queria ...	'āyez ... عايز ...
Tem ...?	ya tara 'andak ...? يا ترى عندك...؟
Há aqui ...?	feyh hena ...? فيه هنا ...؟
Posso ...?	momken ...? ممكن ...؟
..., por favor	... men faḍlak من فضلك ...

Estou à procura de ...	ana badawwar 'la ... أنا بادور على ...
casa de banho	ḥammām حمام
Multibanco	makīnet ṣarraf 'āaly ماكينة صراف آلي
farmácia	ṣaydaliya صيدلية
hospital	mostaʃʃa مستشفى
esquadra de polícia	'essm el ʃorṭa قسم شرطة
metro	metro el anfā' مترو الأنفاق

táxi	taksi تاكسي
estação de comboio	mahattet el 'attr محطة القطر

Chamo-me ...	essmy ... إسمي...
Como se chama?	essmak eyh? اسمك إيه؟
Pode-me dar uma ajuda?	te'ddar tesā'dny? تقدر تساعدني؟
Tenho um problema.	ana 'andy moʃkela أنا عندي مشكلة
Não me sinto bem.	ana ta'bān أنا تعبان
Chame a ambulância!	otlob 'arabeyet es'āf! !أطلب عربية إسعاف
Posso fazer uma chamada?	momken a'mel mokalma telefoniya? ممكن أعمل مكالمة تليفونية؟

Desculpe.	ana 'āssif أنا آسف
De nada.	el 'afw العفو

eu	ana أنا
tu	enta أنت
ele	howwa هو
ela	hiya هي
eles	homm هم
elas	homm هم
nós	ehna احنا
vocês	entom انتم
você	haddretak حضرتك

ENTRADA	doχūl دخول
SAÍDA	χorūg خروج
FORA DE SERVIÇO	'attlān عطلان
FECHADO	moɣlaq مغلق

ABERTO

maftūḥ

مفتوح

PARA SENHORAS

lel sayedāt

للسيدات

PARA HOMENS

lel regāl

للرجال

Perguntas

Onde?	feyn? فين؟
Para onde?	lefeyn? لفين؟
De onde?	men feyn? من فين؟
Porquê?	leyh? ليه؟
Porque razão?	le'ayī sabab? لأي سبب؟
Quando?	emta? إمتى؟

Quanto tempo?	lehadd emta? لحد إمتى؟
A que horas?	fi ayī sā'a? في أي ساعة؟
Quanto?	bekām? بكام؟
Tem ...?	ya tara 'andak ...? يا ترى عندك ...؟
Onde fica ...?	feyn ...? فين ...؟

Que horas são?	el sā'a kām? الساعة كام؟
Posso fazer uma chamada?	momken a'mel mokalma telefoniya? ممكن أعمل مكالمة تليفونية؟
Quem é?	meyn henāk? مين هناك؟
Posso fumar aqui?	momken addaxen hena? ممكن أدخن هنا؟
Posso ...?	momken ...? ممكن ...؟

Necessidades

Eu gostaria de ...	ahebb ... ... أحب
Eu não quero ...	meʃ 'āyiz ... ... مش عايز
Tenho sede.	ana 'attʃān أنا عطشان
Eu quero dormir.	'āyez anām عايز أنام

Eu queria ...	'āyez ... ... عايز
lavar-me	atʃattaf أتشطف
escovar os dentes	aɣsel senāny أغسل سناني
descansar um pouco	artāḥ ʃwaya أرتاح شوية
trocar de roupa	aɣayar hodūmy أغير هدومي

voltar ao hotel	arga' lel fondoq أرجع للفندق
comprar ...	ʃerā' ... ... شراء
ir para ...	arūḥ le... ...أروح لـ
visitar ...	azūr ... ... أزور
encontrar-me com ...	a'ābel ... ... أقابل
fazer uma chamada	a'mel mokalma telefoniya أعمل مكالمة تليفونية

Estou cansado /cansada/.	ana ta'bān أنا تعبان
Nós estamos cansados /cansadas/.	ehna ta'bānīn إحنا تعبانين
Tenho frio.	ana bardān أنا بردان
Tenho calor.	ana ḥarran أنا حران
Estou bem.	ana kowayes أنا كويس

Preciso de telefonar.

mehtāg a'mel mokalma telefoneya
محتاج أعمل مكالمة تليفونية

Preciso de ir à casa de banho.

mehtāg arūh el hammam
محتاج أروح الحمام

Tenho de ir.

lāzem amʃy
لازم أمشي

Tenho de ir agora.

lāzem amʃy dellwa'ty
لازم أمشي دلوقتي

Perguntando por direções

Desculpe, ...	ba'd ezznak, ... بعد إذنك، ...
Onde fica ...?	feyn ...? فين ...؟
Para que lado fica ...?	meneyn ...? منين ...؟
Pode-me dar uma ajuda?	momken tesā'edny, men faḍlak? ممكن تساعدني، من فضلك؟

Estou à procura de ...	ana badawwar 'la ... أنا بادور على ...
Estou à procura da saída.	baddawwar 'la ṭarīq el χorūg بادور على طريق الخروج

Eu vou para ...	ana rāyeḥ le... أنا رايح لـ...
Estou a ir bem para ...?	ana māʃy fel ṭarīq el ṣaḥḥ le ...? أنا ماشي في الطريق الصح لـ... ؟

Fica longe?	howwa beīd? هو بعيد؟
Posso ir até lá a pé?	momken awṣal henāk māʃy? ممكن أوصل هناك ماشي؟

Pode-me mostrar no mapa?	momken tewarrīny 'lal χarīṭa? ممكن توريني على الخريطة؟
Mostre-me onde estamos de momento.	momken tewarrīny eḥna feyn dellwa'ty? ممكن توريني إحنا فين دلوقتي؟

Aqui	hena هنا
Ali	henāk هناك
Por aqui	men hena من هنا

Vire à direita.	oddχol yemīn ادخل يمين
Vire à esquerda.	oddχol ʃemal ادخل شمال
primeira (segunda, terceira) curva	awwel (tāny, tālet) ʃāre' أول (تاني، تالت) شارع

para a direita	'lal yemīn
	على اليمين
para a esquerda	'lal ʃemal
	على الشمال
Vá sempre em frente.	'la ṭūl
	على طول

Sinais

BEM-VINDOS!	marḥaba
	مرحبا
ENTRADA	doχūl
	دخول
SAÍDA	χorūg
	خروج

EMPURRAR	eddfaʻ
	إدفع
PUXAR	ess-ḥab
	إسحب
ABERTO	maftūḥ
	مفتوح
FECHADO	moχlaq
	مغلق

PARA SENHORAS	lel sayedāt
	للسيدات
PARA HOMENS	lel regāl
	للرجال
HOMENS, CAVALHEIROS (m)	el sāda
	السادة
SENHORAS (f)	el sayedāt
	السيدات

DESCONTOS	taχfīdāt
	تخفيضات
SALDOS	okazyōn
	اوكازيون
GRATUITO	maggānan
	مجانا
NOVIDADE!	gedīd!
	!جديد
ATENÇÃO!	ennttabeh!
	!إنتبه

NÃO HÁ VAGAS	mafīʃ makān
	ما فيش مكان
RESERVADO	maḥgūz
	محجوز
ADMINISTRAÇÃO	el edāra
	الإدارة
ACESSO RESERVADO	lel ʻāmelīn faqaṭ
	للعاملين فقط

CUIDADO COM O CÃO	ehhtaress men el kalb! !إحترس من الكلب
NÃO FUMAR!	mammnū' el tadχīn! !ممنوع التدخين
NÃO MEXER!	mammnū' el lammss! !ممنوع اللمس
PERIGOSO	χatīr خطير
PERIGO	χatar خطر
ALTA TENSÃO	gohd 'āly جهد عالي
PROIBIDO NADAR	mammnū' el sebāha! !ممنوع السباحة
FORA DE SERVIÇO	'attlān عطلان
INFLAMÁVEL	qābel lel eʃte'āl قابل للإشتعال
PROIBIDO	mammnū' ممنوع
PASSAGEM PROIBIDA	mammnū' el taχatty! !ممنوع التخطي
PINTADO DE FRESCO	talā' hadiis طلاء حديث
FECHADO PARA OBRAS	moχlaq lel tagdedāt مغلق للتجديدات
TRABALHOS NA VIA	aʃχāl fel tarīq أشغال في الطريق
DESVIO	monhany منحنى

Transportes. Frases gerais

avião	ṭayāra
	طيارة
comboio	'attr
	قطر
autocarro	otobiis
	اوتوبيس
ferri	safīna
	سفينة
táxi	taksi
	تاكسي
carro	'arabiya
	عربية
horário	gadwal
	جدول
Onde posso ver o horário?	a'dar aʃūf el gadwal feyn?
	أقدر أشوف الجدول فين؟
dias de trabalho	ayām el oṣṣbū'
	أيام الأسبوع
fins de semana	nehāyet el osbū'
	نهاية الأسبوع
férias	el 'agazāt
	الأجازات
PARTIDA	el saffar
	السفر
CHEGADA	el woṣūl
	الوصول
ATRASADO	mett'ӽara
	متأخرة
CANCELADO	molӽā
	ملغاه
próximo (comboio, etc.)	el gayī
	الجاي
primeiro	el awwel
	الأول
último	el 'aӽīr
	الأخير
Quando é o próximo ...?	emta el ... elly gayī?
	إللي جاي؟ ... إمتى الـ
Quando é o primeiro ...?	emta awwel ...?
	إمتى اول ...؟

Quando é o último ...?   emta 'āχer ...?
                                          إمتى آخر ...؟

transbordo   tabdīl
                                          تبديل

fazer o transbordo   abaddel
                                          أبدل

Preciso de fazer o transbordo?   hal aḥtāg le tabdīl el...?
                                          هل أحتاج لتبديل الـ...؟

Comprando bilhetes

Onde posso comprar bilhetes?   meneyn momken aʃtery tazāker?
منين ممكن أشتري تذاكر؟

bilhete   tazzkara
تذكرة

comprar um bilhete   ʃerā' tazāker
شراء تذاكر

preço do bilhete   as'ār el tazāker
أسعار التذاكر

Para onde?   lefeyn?
لفين؟

Para que estação?   le'ayī mahatta?
لأي محطة؟

Preciso de ...   mehtāg ...
محتاج ...

um bilhete   tazzkara wahda
تذكرة واحدة

dois bilhetes   tazzkarteyn
تذكرتين

três bilhetes   talat tazāker
تلات تذاكر

---

só de ida   zehāb faqatt
ذهاب فقط

de ida e volta   zehāb we 'awda
ذهاب وعودة

primeira classe   daraga ūla
درجة أولى

segunda classe   daraga tanya
درجة ثانية

---

hoje   el naharda
النهاردة

amanhã   bokra
بكرة

depois de amanhã   ba'd bokra
بعد بكرة

de manhã   el sobh
الصبح

à tarde   ba'd el zohr
بعد الظهر

ao fim da tarde   bel leyl
بالليل

lugar de corredor	korsy mammar
	كرسي ممر
lugar à janela	korsy ʃebbāk
	كرسي شباك
Quanto?	bekām?
	بكام؟
Posso pagar com cartão de crédito?	momken addfaʿ be kart eʾtemān?
	ممكن أدفع بكارت إئتمان؟

Autocarro

autocarro	el otobiis
	الأوتوبيس
camioneta (autocarro interurbano)	otobiis beyn el moddon
	أوتوبيس بين المدن
paragem de autocarro	maḥaṭṭet el otobiis
	محطة الأوتوبيس
Onde é a paragem de autocarro mais perto?	feyn aqrab maḥaṭṭet otobiis?
	فين أقرب محطة أوتوبيس؟

número	raqam
	رقم
Qual o autocarro que apanho para ...?	'āχod ayī otobiis le ...?
	أخذ أي اوتوبيس لـ...؟
Este autocarro vai até ...?	el otobiis da beyrūḥ ...?
	الأوتوبيس دة بيروح ...؟
Com que frequência passam os autocarros?	el otobiis beyīgi kol 'add eyh?
	الأوتوبيس بيجي كل قد إيه؟

de 15 em 15 minutos	kol χamasstāʃar daqīqa
	كل 15 دقيقة
de meia em meia hora	kol noṣṣ sāʿa
	كل نص ساعة
de hora a hora	kol sāʿa
	كل ساعة
várias vezes ao dia	kaza marra fel yome
	كذا مرة في اليوم
... vezes ao dia	... marrat fell yome
	مرات في اليوم ...

horário	gadwal
	جدول
Onde posso ver o horário?	a'dar aʃūf el gadwal feyn?
	أقدر أشوف الجدول فين؟
Quando é o próximo autocarro?	emta el otobīss elly gayī?
	إمتى الأتوبيس إللي جاي؟
Quando é o primeiro autocarro?	emta awwel otobiis?
	إمتى أول أوتوبيس؟
Quando é o último autocarro?	emta 'āχer otobiis?
	إمتى آخر أوتوبيس؟

paragem	maḥaṭṭa
	محطة
próxima paragem	el maḥaṭṭa el gaya
	المحطة الجاية

última paragem

axer maḥatta

آخر محطة (أخر الخط)

Pare aqui, por favor.

laww samaḥt, wa'eff hena

لو سمحت، وقف هنا

Desculpe, esta é a minha paragem.

ba'd ezznak, di maḥattetti

بعد إذنك، دي محطتي

Comboio

comboio	el 'attr القطر
comboio sub-urbano	'attr el dawāhy قطر الضواحي
comboio de longa distância	'attr el masāfāt el tawīla قطر المسافات الطويلة
estação de comboio	mahattet el 'attr محطة القطر
Desculpe, onde fica a saída para a plataforma?	ba'd ezznak, meneyn el tarīq lel rasīf بعد إذنك، منين الطريق للرصيف؟

Este comboio vai até ...?	el 'attr da beyrūh ...? القطر دة بيروح ...؟
próximo comboio	el 'attr el gayī? القطر الجاي؟
Quando é o próximo comboio?	emta el 'attr elly gayī? إمتى القطر إللي جاي؟
Onde posso ver o horário?	a'dar afūf el gadwal feyn? أقدر أشوف الجدول فين؟
Apartir de que plataforma?	men ayī rasīf? من أي رصيف؟
Quando é que o comboio chega a ...?	emta yewsal el 'attr ...? إمتى يوصل القطر ... ؟

Ajude-me, por favor.	argūk sā'dny ارجوك ساعدني
Estou à procura do meu lugar.	baddawwar 'lal korsy betā'y بادور على الكرسي بتاعي
Nós estamos à procura dos nossos lugares.	ehna benndawwar 'la karāsy إحنا بندور على كراسي
O meu lugar está ocupado.	el korsy betā'i mafɣūl الكرسي بتاعي مشغول
Os nossos lugares estão ocupados.	karaseyna mafɣūla كراسينا مشغولة

Peço desculpa mas este é o meu lugar.	'ann ezznak, el korsy da betā'y عن إذنك، الكرسي دة بتاعي
Este lugar está ocupado?	el korsy da mahgūz? الكرسي دة محجوز؟
Posso sentar-me aqui?	momken a''od hena? ممكن أقعد هنا؟

No comboio. Diálogo (Sem bilhete)

Bilhete, por favor.	tazāker men faḍlak
	تذاكر من فضلك
Não tenho bilhete.	ma'andīʃ tazzkara
	ما عنديش تذكرة
Perdi o meu bilhete.	tazzkarty ḍā'et
	تذكرتي ضاعت
Esqueci-me do bilhete em casa.	nesīt tazkarty fel beyt
	نسيت تذكرتي في البيت

Pode comprar um bilhete a mim.	momken teʃtery menny tazkara
	ممكن تشتري مني تذكرة
Terá também de pagar uma multa.	lāzem teddfa' ɣarāma kaman
	لازم تدفع غرامة كمان
Está bem.	tamām
	تمام
Onde vai?	enta rāyeḥ feyn?
	إنت رايح فين؟
Eu vou para ...	ana rāyeḥ le...
	أنا رايح لـ...

Quanto é? Eu não entendo.	bekām? ana meʃ fāhem
	بكام؟ أنا مش فاهم
Escreva, por favor.	ektebha laww samaḥt
	إكتبها لو سمحت
Está bem. Posso pagar com cartão de crédito?	tamām. momken addfa' be kredit kard?
	تمام. ممكن أدفع بكريدت كارد؟
Sim, pode.	aywā momken
	أيوة ممكن

Aqui tem a sua fatura.	ettfaḍḍal el īṣāl
	أتفضل الإيصال
Desculpe pela multa.	'āssef bexeṣūṣ el ɣarāma
	آسف بخصوص الغرامة
Não tem mal. A culpa foi minha.	mafīʃ moʃkela. di ɣalṭety
	ما فيش مشكلة. دي غلطتي
Desfrute da sua viagem.	esstammte' be reḥlatek
	استمتع برحلتك

Taxi

táxi	taksi
	تاكسي
taxista	sawwā' el taksi
	سواق التاكسي
apanhar um táxi	'āχod taksi
	أخد تاكسي
paragem de táxis	maw'af taksi
	موقف تاكسي
Onde posso apanhar um táxi?	meneyn āχod taksi?
	منين أخد تاكسي؟

chamar um táxi	an taṭṭlob taksi
	أن تطلب تاكسي
Preciso de um táxi.	ahtāg taksi
	أحتاج تاكسي
Agora.	al'āan
	الآن
Qual é a sua morada?	ma howa 'ennwānak?
	ما هو عنوانك؟
A minha morada é ...	'ennwāny fi ...
	عنواني في ...
Qual o seu destino?	ettegāhak?
	إتجاهك؟
Desculpe, ...	ba'd ezznak, ...
	بعد إذنك، ...
Está livre?	enta fādy?
	إنت فاضي؟
Em quanto fica a corrida até ...?	bekām arūh...?
	بكام أروح...؟
Sabe onde é?	te'raf hiya feyn?
	تعرف هي فين؟

Para o aeroporto, por favor.	el maṭār men faḍlak
	المطار من فضلك
Pare aqui, por favor.	wa'eff hena, laww samaḥt
	وقف هنا، لو سمحت
Não é aqui.	meʃ hena
	مش هنا
Esta morada está errada. (Não é aqui)	da 'enwān χalat
	دة عنوان غلط
Vire à esquerda.	oddχol ʃemal
	ادخل شمال
Vire à direita.	oddχol yemīn
	ادخل يمين

Quanto lhe devo?	'layī līk ḵām? علي لك كام؟
Queria fatura, por favor.	'āyez īṣāl men faḍlak. عايز إيصال، من فضلك.
Fique com o troco.	ҳally el bā'y خللي الباقي

Espere por mim, por favor.	momken tesstannāny laww samaḥt? ممكن تستناني لو سمحت؟
5 minutos	ҳamas daqā'eq خمس دقائق
10 minutos	'aʃar daqā'eq عشر دقائق
15 minutos	rob' sā'a ربع ساعة
20 minutos	telt sā'a تلت ساعة
meia hora	noṣṣ sā'a نص ساعة

Hotel

Olá!	ahlan أهلا
Chamo-me ...	essmy ... إسمي ...
Tenho uma reserva.	'andy ḥaggz عندي حجز

Preciso de ...	meḥtāg ... محتاج ...
um quarto de solteiro	ɣorfa moffrada غرفة مفردة
um quarto de casal	ɣorfa mozzdawwaga غرفة مزدوجة
Quanto é?	se'raha kām? سعرها كام؟
Está um pouco caro.	di ɣalya ʃewaya دي غالية شوية

Não tem outras opções?	'andak ɣayarāt tanya? عندك خيارات تانية؟
Eu fico com ele.	haɣod-ha ح أخدها
Eu pago em dinheiro.	ḥaddfa' naqqdy ح أدفع نقدي

Tenho um problema.	ana 'andy moʃkela أنا عندي مشكلة
O meu ... está partido /A minha ... está partida/.	... maksūr مكسور...
O meu ... está avariado /A minha ... está avariada/.	... 'atlān /'atlāna/ عطلان /عطلانة...
televisor (m)	el televizyōn التليفزيون
ar condicionado (m)	el takyīf التكييف
torneira (f)	el ḥanafiya (~ 'atlāna) الحنفية

duche (m)	el doʃ الدش
lavatório (m)	el banyo البانيو
cofre (m)	el ɣāzena (~ 'atlāna) الخازنة

fechadura (f)	'effl el bāb
	قفل الباب
tomada elétrica (f)	maxrag el kahraba
	مخرج الكهربا
secador de cabelo (m)	mogaffef el ʃaʻr
	مجفف الشعر

Não tenho …	maʻandīʃ …
	ما عنديش ...
água	maya
	مية
luz	nūr
	نور
eletricidade	kahraba
	كهربا

Pode dar-me …?	momken teddīny …?
	ممكن تديني ...؟
uma toalha	fūṭa
	فوطة
um cobertor	baṭṭaneya
	بطانية
uns chinelos	ʃebʃeb
	شبشب
um roupão	robe
	روب
algum champô	ʃambū
	شامبو
algum sabonete	ṣabūn
	صابون

Gostaria de trocar de quartos.	aḥebb aɣayar el oḍa
	أحب أغير الأوضة
Não consigo encontrar a minha chave.	meʃ lāʼy meftāḥy
	مش لاقي مفتاحي
Abra-me o quarto, por favor.	momken tefftaḥ oḍḍty men faḍlak?
	ممكن تفتح أوضتي من فضلك؟
Quem é?	meyn henāk?
	مين هناك؟
Entre!	ettfaḍḍal!
	إتفضل!
Um minuto!	daqīqa wāḥeda!
	!دقيقة واحدة
Agora não, por favor.	meʃ dellwaʼty men faḍlak
	مش دلوقتي من فضلك

Venha ao meu quarto, por favor.	taʻāla oḍḍty laww samaḥt
	تعالى أوضتي لو سمحت
Gostaria de encomendar comida.	ʻāyez ṭalab men xeddmet el wagabāt
	عايز طلب من خدمة الوجبات
O número do meu quarto é …	raqam oḍḍty howa …
	رقم أوضتي هو ...

Estou de saída ...	ana mãʃy ... أنا ماشي ...
Estamos de saída ...	eḥna maʃyīn ... إحنا ماشيين ...

agora	dellwa'ty دلوقتي
esta tarde	ba'd el ẓohr بعد الظهر
hoje à noite	el leyla di الليلة دي
amanhã	bokra بكرة
amanhã de manhã	bokra el ṣobh بكرة الصبح
amanhã ao fim da tarde	bokra bel leyl بكرة بالليل
depois de amanhã	ba'd bokra بعد بكرة

Gostaria de pagar.	aḥebb adfa' أحب أدفع
Estava tudo maravilhoso.	kol ʃey' kan rã'e' كل شيء كان رائع
Onde posso apanhar um táxi?	feyn momken alã'y taksi? فين ممكن ألاقي تاكسي؟
Pode me chamar um táxi, por favor?	momken toṭṭlob līi taksi laww samaḥt? ممكن تطلب لي تاكسي لو سمحت؟

Restaurante

Posso ver o menu, por favor?	momken aʃūf qã'ema el ṭa'ām men faḍlak?
	ممكن أشوف قائمة الطعام من فضلك؟

Mesa para um.	tarabeyza le ʃaҳṣ wāḥed
	ترابيزة لشخص واحد
Somos dois (três, quatro).	ehna etneyn (talāta, arba'a)
	إحنا اتنين (ثلاثة، أربعة)

Para fumadores	modaҳenīn
	مدخنين
Para não fumadores	үeyr moddaҳenīn
	غير مدخنين
Por favor!	laww samaḥt
	لو سمحت
menu	qã'emat el ṭa'ām
	قائمة الطعام
lista de vinhos	qã'emat el nebīz
	قائمة النبيذ
O menu, por favor.	el qã'ema, laww samaḥt
	القائمة، لو سمحت

Já escolheu?	mossta'ed toṭṭlob?
	مستعد تطلب؟
O que vai tomar?	hatāҳod eh?
	ح تاخد إيه؟
Eu quero ...	ana hāҳod ...
	أنا ح أخد ...

Eu sou vegetariano /vegetariana/.	ana nabāty
	أنا نباتي
carne	laḥma
	لحم
peixe	samakk
	سمك
vegetais	ҳoḍār
	خضار
Tem pratos vegetarianos?	'andak aṭṭbāq nabātiya?
	عندك أطباق نباتية؟
Não como porco.	lā 'āakol el ҳanzīr
	لا أكل الخنزير
Ele /ela/ não come porco.	howwa /hiya/ la tākol el laḥm
	هو/هي/ لا تأكل اللحم

Sou alérgico /alérgica/ a …	'andy hasasseya men …
	عندي حساسية من …
Por favor, pode trazer-me …?	momken tegīb lī …
	ممكن تجيب لي…
sal | pimenta | açucar	melh | felfel | sokkar
	سكر ا فلفل ا ملح
café | chá | sobremesa	'ahwa | ʃāy | helw
	حلو ا شاي ا قهوة
água | com gás | sem gás	meyāh | ɣaziya | 'adiya
	عادية ا غازية ا مياه
uma colher | um garfo | uma faca	ma'la'a | ʃowka | sekkīna
	سكينة ا شوكة ا ملعقة
um prato | um guardanapo	tabaq | fūta
	فوطة ا طبق

Bom apetite!	bel hana wel ʃefa
	بالهنا والشفا
Mais um, por favor.	wahda kamān laww samaht
	وأحدة كمان لو سمحت
Estava delicioso.	kanet lazīza geddan
	كانت لذيذة جدا

conta | troco | gorjeta	ʃīk | fakka | ba'ʃīʃ
	بقشيش ا فكة ا شيك
A conta, por favor.	momken el hesāb laww samaht?
	ممكن الحساب لو سمحت؟
Posso pagar com cartão de crédito?	momken addfa' be kart e'temān?
	ممكن أدفع بكارت إئتمان؟
Desculpe, mas tem um erro aqui.	ana 'āssif, feyh ɣalta hena
	أنا آسف، في غلطة هنا

Centro Comercial

Posso ajudá-lo /ajudá-la/?	momken asaʿdak? ممكن أساعدك؟
Tem ...?	ya tara ʿandak ...? يا ترى عندك ...؟
Estou à procura de ...	ana badawwar ʿla ... أنا بادور على ...
Preciso de ...	mehtāg ... محتاج ...
Estou só a ver.	ana battfarrag أنا باتفرج
Estamos só a ver.	ehna benettfarrag إحنا بنتفرج
Volto mais tarde.	hāgy baʿdeyn ح أجي بعدين
Voltamos mais tarde.	haneygy baʿdeyn ح نيجي بعدين
descontos | saldos	taxfīdāt | okazyōn أوكازيونا تخفيضات
Mostre-me, por favor ...	momken tewarrīny ... laww samaht? ممكن توريني ... لو سمحت؟
Dê-me, por favor ...	momken teddīny ... laww samaht ممكن تديني ... لو سمحت
Posso experimentar?	momken aʾīs? ممكن أقيس؟
Desculpe, onde fica a cabine de prova?	laww samaht, feyn el brova? لو سمحت، فين البروفا؟
Que cor prefere?	ʿāyez ayī lone? عايز أي لون؟
tamanho | cvomprimento	maqās | tūl طول ا مقاس
Como lhe fica?	ya tara el maqās mazbūt? يا ترى المقاس مضبوظ؟
Quanto é que isto custa?	bekām? بكام؟
É muito caro.	da yāly geddan دة غالي جدا
Eu fico com ele.	haftereyh ح أشتريه
Desculpe, onde fica a caixa?	baʿd ezznak, addfaʿ feyn laww samaht? بعد إذنك، أدفع فين لو سمحت؟

Vai pagar a dinheiro ou com cartão de crédito?

hateddfa' naqqdan walla be kart e'temān?

ح تدفع نقدا ولا بكارت إئتمان؟

A dinheiro | com cartão de crédito

naqdan | be kart e'temān

بكارت إئتمان ا نقدا

Pretende fatura?

'āyez īʃāl?

عايز إيصال؟

Sim, por favor.

aywā, men fadlak

أيوة، من فضلك

Não. Está bem!

lā, mafiʃ moʃkela

لا، ما فيش مشكلة

Obrigado /Obrigada/.
Tenha um bom dia!

ʃokran. yome saʾīd

شكرا. يوم سعيد

Na cidade

Desculpe, por favor ...

ba'd ezznak, laww samaḥt

بعد إذنك، لو سمحت

Estou à procura ...

ana badawwar 'la ...

أنا بادور على ...

do metro

metro el anfā'

مترو الأنفاق

do meu hotel

el fondo' betā'i

الفندق بتاعي

do cinema

el sinema

السينما

da praça de táxis

maw'af taksi

موقف تاكسي

do multibanco

makīnet ṣarraf 'āaly

ماكينة صراف آلي

de uma casa de câmbio

maktab ṣarrafa

مكتب صرافة

de um café internet

maqha internet

مقهى انترنت

da rua ...

ʃāre'...

... شارع

deste lugar

el makān da

المكان دة

Sabe dizer-me onde fica ...?

hal te'raf feyn ...?

هل تعرف فين ...؟

Como se chama esta rua?

essmu eyh el ʃāre' da?

اسمه إيه الشارع دة؟

Mostre-me onde estamos de momento.

momken tewarrīny eḥna feyn dellwa'ty?

ممكن توريني إحنا فين دلوقتي؟

Posso ir até lá a pé?

momken awṣal ḥenāk māʃy?

ممكن أوصل هناك ماشي؟

Tem algum mapa da cidade?

'andak χarīṭa lel madīna?

عندك خريطة للمدينة؟

Quanto custa a entrada?

bekām tazkaret el doχūl?

بكام تذكرة الدخول؟

Pode-se fotografar aqui?

momken aṣṣawwar hena?

ممكن أصور هنا؟

Estão abertos?

entom fatt-ḥīn?

إنتم فاتحين؟

A que horas abrem?

emta betefftaḥu?

إمتى بتفتحوا؟

A que horas fecham?

emta bete'ffelu?

إمتى بتقفلوا؟

Dinheiro

dinheiro	folūss فلوس
a dinheiro	naqdy نقدي
dinheiro de papel	folūss waraqiya فلوس ورقية
troco	fakka فكة
conta | troco | gorjeta	ʃīk | fakka | ba'ʃīʃ بقشيش| فكة| شيك

cartão de crédito	kart e'temān كارت إئتمان
carteira	maḥfaza محفظة
comprar	ʃerā' شراء
pagar	daf' دفع
multa	ɣarāma غرامة
gratuito	maggānan مجانا

Onde é que posso comprar ...?	feyn momken aʃtery ...? فين ممكن أشتري ...؟
O banco está aberto agora?	hal el bank fāteḥ dellwa'ty هل البنك فاتح دلوقتي؟
Quando abre?	emta betefftaḥ? إمتى بيفتح؟
Quando fecha?	emta beye'ffel? إمتى بيقفل؟

Quanto?	bekām? بكام؟
Quanto custa isto?	bekām da? بكام دة؟
É muito caro.	da ɣāly geddan دة غالي جدا

Desculpe, onde fica a caixa?	ba'd ezznak, addfa' feyn laww samaḥṭ? بعد إذنك، أدفع فين لو سمحت؟
A conta, por favor.	el ḥesāb men faḍlak الحساب من فضلك

Posso pagar com cartão de crédito?	momken addfa' þe kart e'temān? ممكن أدفع بكارت إئتمان؟
Há algum Multibanco aqui?	feyh hena makīnet ṣarraf 'āaly? فيه هنا ماكينة صراف آلي؟
Estou à procura de um Multibanco.	baddawwar 'la makīnet ṣarraf 'ālly بادور على ماكينة صراف آلي

Estou à procura de uma casa de câmbio.	baddawwar 'la maktab ṣarrāfa بادور على مكتب صرافة
Eu gostaria de trocar ...	'āyez aɣayar ... عايز أغير ...
Qual a taxa de câmbio?	se'r el 'omla kām? سعر العملة كام؟
Precisa do meu passaporte?	enta meḥtāg gawāz safary? إنت محتاج جواز سفري؟

Tempo

Que horas são?	el sā'a kām? الساعة كام؟
Quando?	emta? إمتى؟
A que horas?	fi ayī sā'a? في أي ساعة؟
agora | mais tarde | depois ...	dellwa'ty | ba'deyn | ba'd ... ... بعد ا بعدين ا دلوقتي
uma em ponto	el sā'a waḥda الساعة واحدة
uma e quinze	el sā'a waḥda we rob' الساعة واحدة وربع
uma e trinta	el sā'a waḥda we noṣṣ الساعة واحدة ونص
uma e quarenta e cinco	el sā'a etneyn ellā rob' الساعة إتنين إلا ربع
um | dois | três	waḥda | etneyn | talāta تلاتة اتنين ا واحدة
quatro | cinco | seis	arba'a | χamsa | setta ستة اخمسة الأربعة
set | oito | nove	sabb'a | tamanya | tess'a تسعة تمانية ا سبعة
dez | onze | doze	'aʃra | ḥedāʃar | etnāʃar اتناشر ا حداشر ا عشرة
dentro de ...	fi ... في ...
5 minutos	χamas daqā'eq خمس دقائق
10 minutos	'aʃar daqā'eq عشر دقائق
15 minutos	rob' sā'a ربع ساعة
20 minutos	telt sā'a تلت ساعة
meia hora	noṣṣ sā'a نص ساعة
uma hora	sā'a ساعة

de manhã	el sobh الصبح
de manhã cedo	el sobh badri الصبح بدري
esta manhã	el naharda el sobh النهاردة الصبح
amanhã de manhã	bokra el sobh بكرة الصبح

ao meio-dia	fi noss el yome في نص اليوم
à tarde	ba'd el zohr بعد الظهر
à noite (das 18h às 24h)	bel leyl بالليل
esta noite	el leyla di الليلة دي

à noite (da 0h às 6h)	bel leyl بالليل
ontem	emmbāreh إمبارح
hoje	el naharda النهاردة
amanhã	bokra بكرة
depois de amanhã	ba'd bokra بعد بكرة

Que dia é hoje?	el naharda eyh fel ayām? النهاردة إيه في الأيام؟
Hoje é …	el naharda … النهاردة …
segunda-feira	el etneyn الإتنين
terça-feira	el talāt التلات
quarta-feira	el 'arba' الأربع

quinta-feira	el xamīs الخميس
sexta-feira	el gumu'ā الجمعة
sábado	el sabt السبت
domingo	el hadd الحد

Saudações. Apresentações

Olá!   ahlan
أهلا

Prazer em conhecê-lo /conhecê-la/.   saīd be leqā'ak
سعيد بلقائك

O prazer é todo meu.   ana ass'ad
أنا أسعد

Apresento-lhe ...   a'arrafak be ...
أعرفك بـ ...

Muito prazer.   forṣa saīda
فرصة سعيدة

Como está?   ezzayak?
إزيك؟

Chamo-me ...   esmy ...
أسمي ...

Ele chama-se ...   essmu ...
إسمه ...

Ela chama-se ...   essmaha ...
إسمها ...

Como é que o senhor /a senhora/ se chama?   essmak eyh?
إسمك إيه؟

Como é que ela se chama?   essmu eyh?
إسمه إيه؟

Como é que ela se chama?   essmaha eyh?
إسمها إيه؟

Qual o seu apelido?   essm 'ā'eltak eyh?
إسم عائلتك إيه؟

Pode chamar-me ...   te'ddar tenadīny be...
تقدر تناديني بـ....

De onde é?   enta meneyn?
إنت منين؟

Sou de ...   ana men ...
أنا من ...

O que faz na vida?   beteʃtaɣal eh?
بتشتغل إيه؟

Quem é este?   meyn da
مين دة

Quem é ele?   meyn howwa?
مين هو؟

Quem é ela?   meyn hiya?
مين هي؟

Quem são eles?   meyn homm?
مين هم؟

Este é ...	da yeb'ā ... ‫دة يبقى ...‬
o meu amigo	ṣadīqy ‫صديقي‬
a minha amiga	ṣadīqaty ‫صديقتي‬
o meu marido	gouzy ‫جوزي‬
a minha mulher	merāty ‫مراتي‬
o meu pai	waldy ‫والدي‬
a minha mãe	waldety ‫والدتي‬
o meu irmão	axūya ‫أخويا‬
o meu filho	ebny ‫إبني‬
a minha filha	bennty ‫بنتي‬
Este é o nosso filho.	da ebnena ‫دة إبننا‬
Este é a nossa filha.	di benntena ‫دي بنتننا‬
Estes são os meus filhos.	dole awwlādy ‫دول أولادي‬
Estes são os nossos filhos.	dole awwladna ‫دول أولادنا‬

Despedidas

Adeus!	ella alliqā' إلى اللقاء
Tchau!	salām سلام
Até amanhã.	aʃūfak bokra أشوفك بكرة
Até breve.	aʃūfak orayeb أشوفك قريب
Até às sete.	aʃūfak el sā'a sab'a أشوفك الساعة سبعة

Diverte-te!	esstammte'! إستمتع!
Falamos mais tarde.	netkallem ba'deyn نتكلم بعدين
Bom fim de semana.	'oṭṭlet osbū' saīda عطلة أسبوع سعيدة
Boa noite.	teṣṣbaḥ 'la xeyr تصبح على خير

Está na hora.	gā' waqt el zehāb جاء وقت الذهاب
Preciso de ir embora.	lāzem amʃy لازم أمشي
Volto já.	harga' 'la ṭūl ح أرجع على طول

Já é tarde.	el waqt mett'axar الوقت متأخر
Tenho de me levantar cedo.	lāzem aṣṣ-ha badry لازم أصحى بدري
Vou-me embora amanhã.	ana māʃy bokra أنا ماشي بكرة
Vamos embora amanhã.	ehhna maʃyīn bokra إحنا ماشيين بكرة

Boa viagem!	reḥla saīda! رحلة سعيدة!
Tive muito prazer em conhecer-vos.	forṣa saīda فرصة سعيدة
Foi muito agradável falar consigo.	sa'eddt bel kalām ma'ak سعدت بالكلام معك
Obrigado /Obrigada/ por tudo.	ʃokran 'la koll ʃey' شكرا على كل شيء

Passei um tempo muito agradável.	ana qaddayt waqṭ saʿīd
	أنا قضيت وقت سعيد
Passámos um tempo muito agradável.	eḥna 'addeyna wa't saʿīd
	إحنا قضينا وقت سعيد
Foi mesmo fantástico.	kan bel feʼl rãʼeʿ
	كان بالفعل رائع
Vou ter saudades suas.	hatewwḥaʃīny
	ح توحشني
Vamos ter saudades suas.	hatewwḥaʃna
	ح توحشنا

Boa sorte!	ḥazz saʿīd!
	!حظ سعيد
Dê cumprimentos a …	taḥīāty le…
	…تحياتي لـ

Língua estrangeira

Eu não entendo.	ana meʃ fãhem
	أنا مش فاهم
Escreva isso, por favor.	ektebha laww samaht
	إكتبها لو سمحت
O senhor /a senhora/ fala ...?	enta betettkalem ...?
	انت بتتكلم ...؟

Eu falo um pouco de ...	ana battkallem ʃewaya ...
	أنا باتكلم شوية ...
Inglês	engilīzy
	أنجليزي
Turco	torky
	تركي
Árabe	'araby
	عربي
Francês	faransãwy
	فرنساوي

Alemão	almãny
	ألماني
Italiano	iţãly
	إيطالي
Espanhol	asbãny
	أسباني
Português	bortoɣãly
	برتغالي
Chinês	ṣīny
	صيني
Japonês	yabãny
	ياباني

Pode repetir isso, por favor.	momken teʿīd el kalãm men faḍlak?
	ممكن تعيد الكلام من فضلك؟
Compreendo.	ana fãhem
	انا فاهم
Eu não entendo.	ana meʃ fãhem
	انا مش فاهم
Por favor fale mais devagar.	momken tetkallem abta' laww samaht?
	ممكن تتكلم ابطأ لو سمحت؟

Isso está certo?	keda ṣahh?
	كدة صح؟
O que é isto? (O que significa?)	eh da?
	إيه دة؟

Desculpas

Desculpe-me, por favor.

ba'd ezznak, laww samaht
بعد إذنك، لو سمحت

Lamento.

ana 'āssif
أنا آسف

Tenho muita pena.

ana 'āssif beggad
أنا آسف بجد

Desculpe, a culpa é minha.

ana 'āssif, di yalteti
أنا آسف، دي غلطتي

O erro foi meu.

yaltety
غلطتي

Posso ...?

momken ...?
ممكن ...؟

O senhor /a senhora/ não
se importa se eu ...?

teddāyi' laww ...?
تتضايق لو ...؟

Não faz mal.

mafīʃ moʃkela
ما فيش مشكلة

Está tudo em ordem.

kollo tamām
كله تمام

Não se preocupe.

mate'la'ʃ
ما تقلقش

Acordo

Sim.	aywā أيوة
Sim, claro.	aywa, akīd ايوة، أكيد
Está bem!	tamām تمام
Muito bem.	kowayīs geddan كويس جدا
Claro!	bekol ta'kīd! إبكل تأكيد
Concordo.	mewāfe' موافق

Certo.	da ṣaḥīḥ دة صحيح
Correto.	da ṣaḥḥ دة صح
Tem razão.	kalāmak ṣaḥḥ كلامك صح
Eu não me oponho.	ma'andīʃ māneʿ ما عنديش مانع
Absolutamente certo.	ṣaḥḥ tamāman صح تماماً

É possível.	momken ممكن
É uma boa ideia.	di fekra kewayīsa دي فكرة كويسة
Não posso recusar.	ma'darʃ a'ūl la' ما أقدرش أقول لأ
Terei muito gosto.	bekol sorūr حكون سعيد
Com prazer.	bekol sorūr بكل سرور

Recusa. Expressão de dúvida

Não.	la'a لأ
Claro que não.	akīd la' أكيد لأ
Não concordo.	meʃ mewāfe' مش موافق
Não creio.	ma 'azzonneʃ keda ما أظنش كدة
Isso não é verdade.	da meʃ saḥīḥ دة مش صحيح

O senhor /a senhora/ não tem razão.	enta ɣalṭān إنت غلطان
Acho que o senhor /a senhora/ não tem razão.	azonn ennak ɣalṭān أظن إنك غلطان

Não tenho a certeza.	meʃ akīd مش أكيد
É impossível.	da mos-taḥīl دة مستحيل
De modo algum!	mafīʃ ḥāga keda! ما فيش حاجة كدة!

Exatamente o contrário.	el 'akss tamāman العكس تماما
Sou contra.	ana dedd da أنا ضد دة

Não me importo.	ma yehemmenīʃ ما يهمنيش
Não faço ideia.	ma'andīʃ fekra ما عنديش فكرة
Não creio.	aʃokk fe da أشك في دة

Desculpe, mas não posso.	'āssef ma 'qdarʃ آسف، ما أقدرش
Desculpe, mas não quero.	'āssef meʃ 'ayez آسف، مش عايز

Desculpe, não quero isso.	ʃokran, bass ana meʃ meḥtāg loh شكرا، بس أنا مش محتاج له
Já é muito tarde.	el waqt mett'aχar الوقت متأخر

Tenho de me levantar cedo.

lāzem aṣṣ-ḥa badry

لازم أصحى بدري

Não me sinto bem.

ana ta'bān

أنا تعبان

Expressão de gratidão

Obrigado /Obrigada/.	ʃokran شكراً
Muito obrigado /obrigada/.	ʃokran gazīlan شكراً جزيلاً
Fico muito grato /grata/.	ana ḥa'i'i me'addar da أنا حقيقي مقدر دة
Estou-lhe muito reconhecido.	ana mommtann līk geddan أنا ممتن لك جداً
Estamos-lhe muito reconhecidos.	eḥna mommtannīn līk geddan إحنا ممتنين لك جداً

Obrigado /Obrigada/ pelo seu tempo.	ʃokran 'la wa'tak شكراً على وقتك
Obrigado /Obrigada/ por tudo.	ʃokran 'la koll ʃey' شكراً على كل شيء
Obrigado /Obrigada/ ...	ʃokran 'la ... شكراً على ...
... pela sua ajuda	mosa'detak مساعدتك
... por este tempo bem passado	el waqt الوقت اللطيف

... pela comida deliciosa	wagba rā'e'a وجبة رائعة
... por esta noite agradável	amsiya mummte'a أمسية ممتعة
... pelo dia maravilhoso	yome rā'e' يوم رائع
... pela jornada fantástica	reḥla mod-heʃa رحلة مدهشة

Não tem de quê.	lā ʃokr 'la wāgeb لا شكر على واجب
Não precisa agradecer.	el 'afw العفو
Disponha sempre.	ayī waqt أي وقت
Foi um prazer ajudar.	bekol sorūr بكل سرور
Esqueça isso.	ennsa إنسى
Não se preocupe.	mate'la'ʃ ما تقلقش

Parabéns. Cumprimentos

Parabéns!	ohannīk! أهنيك!
Feliz aniversário!	ʿīd milād saʿīd! عيد ميلاد سعيد!
Feliz Natal!	ʿīd milād saʿīd! عيد ميلاد سعيد!
Feliz Ano Novo!	sana gedīda saʿīda! سنة جديدة سعيدة!

Feliz Páscoa!	ʃamm nessīm saʿīd! شم نسيم سعيد!
Feliz Hanukkah!	hanūka saʿīda! هانوكا سعيدة!

Gostaria de fazer um brinde.	ahebb aqtareh neʃrab naxab أحب أقترح نشرب نخب
Saúde!	fi sehhettak في صحتك
Bebamos a ...!	yalla neʃrab fe ...! يالا نشرب في ...!
Ao nosso sucesso!	nagāhna نجاحنا
Ao vosso sucesso!	nagāhak نجاحك

Boa sorte!	hazz saʿīd! حظ سعيد!
Tenha um bom dia!	nahārak saʿīd! نهارك سعيد!
Tenha um bom feriado!	agāza tayeba! أجازة طيبة!
Tenha uma viagem segura!	trūh bel salāma! تروح بالسلامة!
Espero que melhore em breve!	atmanna ennak tataʿāfa besorʿa! أتمنى إنك تتعافى بسرعة!

Socializando

Porque é que está chateado /chateada/?	enta leyh za'lān? إنت ليه زعلان؟
Sorria!	ebbtassem! farrfeʃ! إفرفش! إبتسم!
Está livre esta noite?	enta fāḍy el leyla di? إنت فاضي الليلة دي؟

Posso oferecer-lhe algo para beber?	momken a'zemak 'la maʃrūb? ممكن أعزمك على مشروب؟
Você quer dançar?	teḥebb torr'oṣṣ? تحب ترقص؟
Vamos ao cinema.	yalla nerūḥ el sinema ياللا نروح السينما

Gostaria de a convidar para ir ...	momken a'zemak 'la ...? ممكن أعزمك على ...؟
ao restaurante	maṭṭ'am مطعم
ao cinema	el sinema السينما
ao teatro	el masraḥ المسرح
passear	tamʃeya تمشية

A que horas?	fi ayī sā'a? في أي ساعة؟
hoje à noite	el leyla di الليلة دي
às 6 horas	el sā'a setta الساعة ستة
às 7 horas	el sā'a sab'a الساعة سبعة
às 8 horas	el sā'a tamanya الساعة تمانية
às 9 horas	el sā'a tess'a الساعة تسعة

Gosta deste local?	ya tara 'agbak el makān? يا ترى عاجبك المكان؟
Está com alguém?	enta hena ma' ḥadd? إنت هنا مع حد؟
Estou com o meu amigo.	ana ma' ṣadīq أنا مع صديق

Estou com os meus amigos.	ana ma' aṣṣdiqā' أنا مع أصدقاء
Não, estou sozinho /sozinha/.	lā, ana waḥḥdy لا، أنا وحدي

Tens namorado?	hal 'andak ṣadīq? هل عندك صديق؟
Tenho namorado.	ana 'andy ṣadīq أنا عندي صديق
Tens namorada?	hal 'andak ṣadīqa? هل عندك صديقة؟
Tenho namorada.	ana 'andy ṣadīqa أنا عندي صديقة

Posso voltar a ver-te?	a'dar aʃūfak tāny? أقدر أشوفك تاني؟
Posso ligar-te?	a'dar atteṣel bīk? أقدر أتصل بك؟
Liga-me.	ettaṣṣel bī إتصل بي
Qual é o teu número?	eh raqamek? إيه رقمك؟
Tenho saudades tuas.	wahaʃtīny وحشتني

Tem um nome muito bonito.	essmek gamīl إسمك جميل
Amo-te.	oheḅbek أحبك
Quer casar comigo?	tettgawwezīny? تتجوزيني؟
Você está a brincar!	enta bett-hazzar! إنت بتهزر!
Estou só a brincar.	ana bahazzar bas أنا باهزر بس

Está a falar a sério?	enta bettettkallem gad? إنت بتتكلم جد؟
Estou a falar a sério.	ana gād أنا جاد
De verdade?!	ṣahīh? صحيح؟
Incrível!	meʃ ma'ʻūl! مش معقول!
Não acredito.	ana meʃ meṣṣad'āk أنا مش مصدقاك
Não posso.	ma'darʃ ما أقدرش
Não sei.	ma'raʃʃ ما أعرفش
Não entendo o que está a dizer.	meʃ fahmāk مش فاهماك

Saia, por favor.

men faḍlak temſy

من فضلك تمشي

Deixe-me em paz!

sebbny lewaḥḥdy!

اسيبني لوحدي!

Eu não o suporto.

ana ļā atīqo

أنا لا أطيقه

Você é detestável!

enta mo'reff

إنت مقرف

Vou chamar a polícia!

haṭṭlob el ſorta

ح أطلب الشرطة

Partilha de impressões. Emoções

Gosto disto.	ye'gebny يعجبني
É muito simpático.	laṭīf geddan لطيف جدا
Fixe!	da rā'e' دة رائع
Não é mau.	da meʃ saye' دة مش سيء

Não gosto disto.	meʃ 'agebny مش عاجبني
Isso não está certo.	meʃ kowayīs مش كويس
Isso é mau.	da saye' دة سيء
Isso é muito mau.	da saye' geddan دة سيء جدا
Isso é asqueroso.	da mo'rreff دة مقرف

Estou feliz.	ana saʿīd أنا سعيد
Estou contente.	ana mabsūṭ أنا مبسوط
Estou apaixonado /apaixonada/.	ana baḥebb أنا باحب
Estou calmo /calma/.	ana hāḍy أنا هادي
Estou aborrecido /aborrecida/.	ana zaḥ'ān أنا زهقان

Estou cansado /cansada/.	ana ta'bān أنا تعبان
Estou triste.	ana ḥaẓīn أنا حزين
Estou apavorado /apavorada/.	ana xāyef أنا خايف

Estou zangado /zangada/.	ana ɣadbān أنا غضبان
Estou preocupado /preocupada/.	ana qalqān أنا قلقان
Estou nervoso /nervosa/.	ana muṭawwatter أنا متوتر

Estou ciumento /ciumenta/.   ana γayrān
أنا غيران

Estou surpreendido /surpreendida/.   ana mutafāge'
أنا متفاجئ

Estou perplexo /perplexa/.   ana morrtabek
أنا مرتبك

Problemas. Acidentes

Tenho um problema.	ana ʻandy moʃkela أنا عندي مشكلة
Temos um problema.	eḥna ʻandena moʃkela إحنا عندنا مشكلة
Estou perdido.	ana tāʒeh أنا تايه
Perdi o último autocarro.	fātny ʼāχer otobiis فاتني آخر أوتوبيس
Não me resta nenhum dinheiro.	meʃ fāḍel maʻaya flūss مش فاضل معايا فلوس

Eu perdi ...	ḍāʻ menny ... betāʻy ضاع مني ... بتاعي
Roubaram-me ...	ḥadd saraʼ ... betāʻy حد سرق ... بتاعي
o meu passaporte	bassbore باسبور
a minha carteira	maḥfaza محفظة
os meus papéis	awwarāʼ أوراق
o meu bilhete	tazzkara تذكرة

o dinheiro	folūss فلوس
a minha mala	ʃannṭa شنطة
a minha camara	kamera كاميرا
o meu computador	lab tob لاب توب
o meu tablet	tablet تابلت
o meu telemóvel	telefon maḥmūl تليفون محمول

Ajude-me!	sāʻdny! ساعدني!
O que é que aconteceu?	eh elly ḥaṣal? إيه إللي حصل؟
fogo	harīqa حريقة

tiroteio	ḍarrb nār ضرب نار
assassínio	qattl قتل
explosão	ennfegār إنفجار
briga	χenā'a خناقة

Chame a polícia!	ettaṣel bel ʃorṭa! اتصل بالشرطة!
Mais depressa, por favor!	besor'a men faḍlak! إبسرعة من فضلك!

Estou à procura de uma esquadra de polícia.	baddawwar 'la qessm el ʃorṭa بادور على قسم الشرطة
Preciso de telefonar.	mehtāg a'mel mokalma telefoneya محتاج أعمل مكالمة تليفونية
Posso telefonar?	momken asstaχdem telefonak? ممكن أستخدم تليفونك؟

Fui ...	ana kont ... أنا كنت ...
assaltado /assaltada/	ettnaʃalt اتنشلت
roubado /roubada/	ettsaraqt اتسرقت
violada	oχtiṣabt اغتصبت
atacado /atacada/	ta'arraḍt le e'tedā' تعرضت لإعتداء

Está tudo bem consigo?	enta beχeyr? إنت بخير؟
Viu quem foi?	ya tara ʃoft meyn? يا ترى شفت مين؟
Seria capaz de reconhecer a pessoa?	te'ddar tett'arraf 'la el ʃaχṣ da? تقدر تتعرف على الشخص دة؟
Tem a certeza?	enta muta'kked? إنت متأكد؟

Acalme-se, por favor.	argūk ehḍa أرجوك إهدا
Calma!	hawwen 'aleyk! اهون عليك!
Não se preocupe.	mate'la'ʃ! ما تقلقش!
Vai ficar tudo bem.	kol ʃey' haykūn tamām كل شيء ح يكون تمام
Está tudo em ordem.	kol ʃey' tamām كل شيء تمام

Chegue aqui, por favor.
ta'āla hena laww samaḥt
تعالى هنا لو سمحت

Tenho algumas questões a colocar-lhe.
'andy līk as'ela
عندي لك أسئلة

Aguarde um momento, por favor.
esstanna laḥza men faḍlak
إستنى لحظة من فضلك

Tem alguma identificação?
'andak raqam qawwmy
عندك رقم قومي

Obrigado. Pode ir.
ʃokran. momken temʃy dellwa'ty
شكرا. ممكن تمشي دلوقتي

Mãos atrás da cabeça!
eydeyk wara rāsak!
إيديك ورا راسك!

Você está preso!
enta maqbūd 'aleyk!
إنت مقبوض عليك!

Problemas de saúde

Ajude-me, por favor.	argūk sã'dny
	أرجوك ساعدني
Não me sinto bem.	ana ta'bān
	أنا تعبان
O meu marido não se sente bem.	gouzy ta'bān
	جوزي تعبان
O meu filho ...	ebny ...
	إبني ...
O meu pai ...	waldy ...
	والدي ...

A minha mulher não se sente bem.	merāty ta'bāna
	مراتي تعابة
A minha filha ...	bennty ...
	بنتي ...
A minha mãe ...	waldety ...
	والدتي ...

Tenho uma ...	ana 'andy ...
	أنا عندي ...
dor de cabeça	ṣodā'
	صداع
dor de garganta	ehtiqān fel zore
	إحتقان في الزور
dor de barriga	mayaṣṣ
	مغص
dor de dentes	alam aṣnān
	ألم أسنان

Estou com tonturas.	ʃā'er be dawār
	شاعر بدوار
Ele está com febre.	'andak ḥomma
	عنده حمي
Ela está com febre.	'andaha ḥomma
	عندها حمي
Não consigo respirar.	meʃ 'āder attnaffess
	مش قادر أتنفس

Estou a sufocar.	meʃ 'āder attnaffess
	مش قادر أتنفس
Sou asmático /asmática/.	ana 'andy azzma
	أنا عندي أزمة
Sou diabético /diabética/.	ana 'andy el ṣokkar
	أنا عندي السكر

Estou com insónia.	meʃ 'āder anām
	مش قادر أنام
intoxicação alimentar	tassammom ɣezā'y
	تسمم غذائي

Dói aqui.	betewwga' hena
	بتوجع هنا
Ajude-me!	sā'edny!
	!ساعدني
Estou aqui!	ana ḥena!
	!أنا هنا
Estamos aqui!	eḥna hena!
	!إحنا هنا
Tirem-me daqui!	xarragūny men hena
	خرجوني من هنا
Preciso de um médico.	ana mehtāg ṭabīb
	أنا محتاج طبيب
Não me consigo mexer.	meʃ 'āder at-ḥarrak
	مش قادر أتحرك
Não consigo mover as pernas.	meʃ 'āder aḥarrak reglaya
	مش قادر أحرك رجلية

Estou ferido.	'andy garrḥḥ
	عندي جرح
É grave?	da beggad?
	دة بجد؟
Tenho os documentos no bolso.	awwrā'y fi geyby
	أوراقي في جيبي
Acalme-se!	ehhda'!
	!إهدا
Posso telefonar?	momken asstaxdem telefonak?
	ممكن أستخدم تليفونك؟

Chame uma ambulância!	oṭlob 'arabeyet es'āf!
	!أطلب عربية إسعاف
É urgente!	di ḥāla messta'gela!
	!دي حالة مستعجلة
É uma emergência!	di ḥāla ṭāre'a!
	!دي حالة طارئة
Mais depressa, por favor!	besor'a men faḍlak!
	!بسرعة من فضلك

Chame o médico, por favor.	momken tekallem doktore men faḍlak?
	ممكن تكلم دكتور من فضلك؟
Onde fica o hospital?	feyn el mostaʃfa?
	فين المستشفى؟
Como se sente?	hāsses be eyh dellwa'ty
	حاسس بإيه دلوقتي؟
Está tudo bem consigo?	enta bexeyr?
	إنت بخير؟
O que é que aconteceu?	eh elly ḥaṣal?
	إيه إللي حصل؟

Já me sinto melhor.

ana ḥāsseṣ eny aḥssan dellwa'ty

أنا حاسس إني أحسن دلوقتي

Está tudo em ordem.

tamām

تمام

Tubo bem.

kollo tamām

كله تمام

Na farmácia

farmácia	ṣaydaliya صيدلية
farmácia de serviço	ṣaydaliya arb'a we 'eʃrīn sā'a صيدلية 24 ساعة
Onde fica a farmácia mais próxima?	feyn aqrab ṣaydaliya? فين أقرب صيدلية؟
Está aberto agora?	hiya fat-ḥa dellwa'ty? هي فاتحة دلوقتي؟
A que horas abre?	betefftah emta? بتفتح إمتى؟
A que horas fecha?	bete'ffel emta? بتقفل إمتى؟
Fica longe?	hiya be'eyda? هي بعيدة؟
Posso ir até lá a pé?	momken awṣal ḥenāk māʃy? ممكن أوصل هناك ماشي؟
Pode-me mostrar no mapa?	momken tewarrīny 'lal xarīṭa? ممكن توريني على الخريطة؟
Por favor dê-me algo para ...	men faḍlak eddīny ḥāga le... من فضلك إديني حاجة لـ...
as dores de cabeça	el sodā' الصداع
a tosse	el kohḥa الكحة
o resfriado	el bard البرد
a gripe	influenza الأنفلوانزا
a febre	el ḥumma الحمى
uma dor de estômago	el mayaṣṣ المغص
as náuseas	el yasayān الغثيان
a diarreia	el es-hāl الإسهال
a constipação	el emsāk الإمساك
as dores nas costas	alam fel zahr ألم في الظهر

as dores no peito	alam fel ṣaḏr
	ألم في الصدر
a sutura	ɣorrza ganebiya
	غرزة جانبية
as dores abdominais	alam fel baṭṭn
	ألم في البطن

comprimido	ḥabba
	حبة
unguento, creme	marham, krīm
	مرهم، كريم
charope	ʃarāb
	شراب
spray	baχāχ
	بخاخ
dropes	noqaṭṭ
	نقط

Você precisa de ir ao hospital.	enta mehtāg terūḥ
	انت محتاج تروح المستشفى
seguro de saúde	ta'mīn ṣeḥḥy
	تأمين صحي
prescrição	roʃetta
	روشتة
repelente de insetos	ṭāred lel ḥaʃarāt
	طارد للحشرات
penso rápido	blastar
	بلاستر

O mínimo

Desculpe, ...
ba'd ezznak, ...
بعد إذنك، ...

Olá!
ahlan
أهلا

Obrigado /Obrigada/.
ʃokran
شكراً

Adeus.
ella alliqā'
إلى اللقاء

Sim.
aywā
أيوة

Não.
la'a
لأ

Não sei.
ma'raʃʃ
ما أعرفش

Onde? | Para onde? | Quando?
feyn? | lefeyn? | emta?
إمتى؟ | لفين؟ | فين؟

Preciso de ...
meḥtāg ...
محتاج ...

Eu queria ...
'āyez ...
عايز ...

Tem ...?
ya tara 'andak ...?
يا ترى عندك...؟

Há aqui ...?
feyh hena ...?
فيه هنا...؟

Posso ...?
momken ...?
ممكن...؟

..., por favor
... men faḍlak
من فضلك ...

Estou à procura de ...
ana badawwar 'la ...
أنا بادور على ...

casa de banho
ḥammām
حمام

Multibanco
makīnet ṣarraf 'āaly
ماكينة صراف آلي

farmácia
ṣaydaliya
صيدلية

hospital
mostaʃfa
مستشفى

esquadra de polícia
'essm el ʃorṭa
قسم شرطة

metro
metro el anfā'
مترو الأنفاق

táxi	taksi
	تاكسي
estação de comboio	mahattet el 'attr
	محطة القطر

Chamo-me ...	essmy ...
	إسمي...
Como se chama?	essmak eyh?
	اسمك إيه؟
Pode-me dar uma ajuda?	te'ddar tesā'dny?
	تقدر تساعدني؟
Tenho um problema.	ana 'andy moʃkela
	أنا عندي مشكلة
Não me sinto bem.	ana ta'bān
	أنا تعبان
Chame a ambulância!	otlob 'arabeyet es'āf!
	أطلب عربية إسعاف!
Posso fazer uma chamada?	momken a'mel mokalma telefoniya?
	ممكن أعمل مكالمة تليفونية؟

Desculpe.	ana 'āssif
	أنا آسف
De nada.	el 'afw
	العفو

---

eu	ana
	أنا
tu	enta
	أنت
ele	howwa
	هو
ela	hiya
	هي
eles	homm
	هم
elas	homm
	هم
nós	ehna
	احنا
vocês	entom
	انتم
você	haddretak
	حضرتك

ENTRADA	doxūl
	دخول
SAÍDA	xorūg
	خروج
FORA DE SERVIÇO	'attlān
	عطلان
FECHADO	moɣlaq
	مغلق

ABERTO	maftūḥ
	مفتوح
PARA SENHORAS	lel sayedāt
	للسيدات
PARA HOMENS	lel regāl
	للرجال

T&P BOOKS

MINI DICIONÁRIO

Esta secção contém 250
palavras úteis necessárias
para a comunicação do dia
a dia. Irá encontrar aqui os
nomes dos meses e dias
da semana. O dicionário
contém também temas como
cores, medidas, família e
muito mais

T&P Books Publishing

CONTEÚDO DO DICIONÁRIO

1. Tempo. Calendário	75
2. Números. Numeração	76
3. Humanos. Família	77
4. Corpo humano	78
5. Vestuário. Acessórios pessoais	79
6. Casa. Apartamento	80

T&P Books Publishing

tempo (m)	waqt (m)	وقت
hora (f)	sā'a (f)	ساعة
meia hora (f)	niṣf sā'a (m)	نصف ساعة
minuto (m)	daqīqa (f)	دقيقة
segundo (m)	θāniya (f)	ثانية
hoje	al yawm	اليوم
amanhã	yadan	غدًا
ontem	ams	أمس
segunda-feira (f)	yawm al iθnayn (m)	يوم الإثنين
terça-feira (f)	yawm aθ θulāθā' (m)	يوم الثلاثاء
quarta-feira (f)	yawm al arbi'ā' (m)	يوم الأربعاء
quinta-feira (f)	yawm al xamīs (m)	يوم الخميس
sexta-feira (f)	yawm al ʒum'a (m)	يوم الجمعة
sábado (m)	yawm as sabt (m)	يوم السبت
domingo (m)	yawm al aḥad (m)	يوم الأحد
dia (m)	yawm (m)	يوم
dia (m) de trabalho	yawm 'amal (m)	يوم عمل
feriado (m)	yawm al 'uṭla ar rasmiyya (m)	يوم العطلة الرسمية
fim (m) de semana	ayyām al 'uṭla (pl)	أيام العطلة
semana (f)	usbū' (m)	أسبوع
na semana passada	fil isbū' al māḍi	في الأسبوع الماضي
na próxima semana	fil isbū' al qādim	في الأسبوع القادم
de manhã	fiṣ ṣabāḥ	في الصباح
à tarde	ba'd aẓ ẓuhr	بعد الظهر
à noite (noitinha)	fil masā'	في المساء
hoje à noite	al yawm fil masā'	اليوم في المساء
à noite	bil layl	بالليل
meia-noite (f)	muntaṣif al layl (m)	منتصف الليل
janeiro (m)	yanāyir (m)	يناير
fevereiro (m)	fibrāyir (m)	فبراير
março (m)	māris (m)	مارس
abril (m)	abrīl (m)	أبريل
maio (m)	māyu (m)	مايو
junho (m)	yūnyu (m)	يونيو
julho (m)	yūlyu (m)	يوليو
agosto (m)	ayusṭus (m)	أغسطس

setembro (m)	sibtambar (m)	سبتمبر
outubro (m)	uktūbir (m)	أكتوبر
novembro (m)	nuvimbar (m)	نوفمبر
dezembro (m)	disimbar (m)	ديسمبر

na primavera	fir rabī‘	في الربيع
no verão	fiṣ ṣayf	في الصيف
no outono	fil xarīf	في الخريف
no inverno	fiʃ ʃitā’	في الشتاء

mês (m)	ʃahr (m)	شهر
estação (f)	faṣl (m)	فصل
ano (m)	sana (f)	سنة

2. Números. Numeração

zero	ṣifr	صفر
um	wāḥid	واحد
dois	iθnān	إثنان
três	θalāθa	ثلاثة
quatro	arba‘a	أربعة

cinco	xamsa	خمسة
seis	sitta	ستّة
sete	sab‘a	سبعة
oito	θamāniya	ثمانية
nove	tis‘a	تسعة
dez	‘aʃara	عشرة

onze	aḥad ‘aʃar	أحد عشر
doze	iθnā ‘aʃar	إثنا عشر
treze	θalāθat ‘aʃar	ثلاثة عشر
catorze	arba‘at ‘aʃar	أربعة عشر
quinze	xamsat ‘aʃar	خمسة عشر

dezasseis	sittat ‘aʃar	ستّة عشر
dezassete	sab‘at ‘aʃar	سبعة عشر
dezoito	θamāniyat ‘aʃar	ثمانية عشر
dezanove	tis‘at ‘aʃar	تسعة عشر

vinte	‘iʃrūn	عشرون
trinta	θalāθīn	ثلاثون
quarenta	arba‘ūn	أربعون
cinquenta	xamsūn	خمسون

sessenta	sittūn	ستّون
setenta	sab‘ūn	سبعون
oitenta	θamānūn	ثمانون
noventa	tis‘ūn	تسعون
cem	mi’a	مائة

duzentos	mi'atān	مائتان
trezentos	θalāθumi'a	ثلاثمائة
quatrocentos	rub'umi'a	أربعمائة
quinhentos	χamsumi'a	خمسمائة

seiscentos	sittumi'a	ستّمائة
setecentos	sab'umi'a	سبعمائة
oitocentos	θamānimi'a	ثمانمائة
novecentos	tis'umi'a	تسعمائة
mil	alf	ألف

| dez mil | 'aʃarat 'ālāf | عشرة آلاف |
| cem mil | mi'at alf | مائة ألف |

| um milhão | milyūn (m) | مليون |
| mil milhões | milyār (m) | مليار |

3. Humanos. Família

homem (m)	raʒul (m)	رجل
jovem (m)	ʃābb (m)	شابّ
mulher (f)	imra'a (f)	إمرأة
rapariga (f)	fatāt (f)	فتاة
velhote (m)	'aʒūz (m)	عجوز
velhota (f)	'aʒūza (f)	عجوزة

mãe (f)	umm (f)	أُمّ
pai (m)	ab (m)	أب
filho (m)	ibn (m)	إبن
filha (f)	ibna (f)	إبنة
irmão (m)	aχ (m)	أخ
irmã (f)	uχt (f)	أُخت

pais (pl)	wālidān (du)	والدان
criança (f)	ṭifl (m)	طفل
crianças (f pl)	aṭfāl (pl)	أطفال
madrasta (f)	zawʒat al ab (f)	زوجة الأب
padrasto (m)	zawʒ al umm (m)	زوج الأُمّ

avó (f)	ʒidda (f)	جدّة
avô (m)	ʒadd (m)	جدّ
neto (m)	ḥafīd (m)	حفيد
neta (f)	ḥafīda (f)	حفيدة
netos (pl)	aḥfād (pl)	أحفاد

tio (m)	'amm (m), χāl (m)	عمّ، خال
tia (f)	'amma (f), χāla (f)	عمّة، خالة
sobrinho (m)	ibn al aχ (m), ibn al uχt (m)	إبن الأخ، إبن الأُخت
sobrinha (f)	ibnat al aχ (f), ibnat al uχt (f)	إبنة الأخ، إبنة الأُخت
mulher (f)	zawʒa (f)	زوجة

marido (m)	zawჳ (m)	زوج
casado	mutazawwiჳ	متزوج
casada	mutazawwiჳa	متزوّجة
viúva (f)	armala (f)	أرملة
viúvo (m)	armal (m)	أرمل

nome (m)	ism (m)	إسم
apelido (m)	ism al 'ā'ila (m)	إسم العائلة

parente (m)	qarīb (m)	قريب
amigo (m)	ṣadīq (m)	صديق
amizade (f)	ṣadāqa (f)	صداقة

parceiro (m)	rafīq (m)	رفيق
superior (m)	ra'īs (m)	رئيس
colega (m)	zamīl (m)	زميل
vizinhos (pl)	ჳirān (pl)	جيران

4. Corpo humano

corpo (m)	ჳism (m)	جسم
coração (m)	qalb (m)	قلب
sangue (m)	dam (m)	دم
cérebro (m)	muχχ (m)	مخ

osso (m)	'aẓm (m)	عظم
coluna (f) vertebral	'amūd faqriy (m)	عمود فقريّ
costela (f)	ḍil' (m)	ضلع
pulmões (m pl)	ri'atān (du)	رئتان
pele (f)	buʃra (m)	بشرة

cabeça (f)	ra's (m)	رأس
cara (f)	waჳh (m)	وجه
nariz (m)	anf (m)	أنف
testa (f)	ჳabha (f)	جبهة
bochecha (f)	χadd (m)	خدّ

boca (f)	fam (m)	فم
língua (f)	lisān (m)	لسان
dente (m)	sinn (f)	سنّ
lábios (m pl)	ʃifāh (pl)	شفاه
queixo (m)	ðaqan (m)	ذقن

orelha (f)	uðun (f)	أذن
pescoço (m)	raqaba (f)	رقبة
olho (m)	'ayn (f)	عين
pupila (f)	ḥadaqa (f)	حدقة
sobrancelha (f)	ḥāჳib (m)	حاجب
pestana (f)	rimʃ (m)	رمش
cabelos (m pl)	ʃa'r (m)	شعر

penteado (m)	tasrīḥa (f)	تسريحة
bigode (m)	ʃawārib (pl)	شوارب
barba (f)	liḥya (f)	لحية
usar, ter (~ barba, etc.)	ʻindahu	عنده
calvo	aṣlaʻ	أصلع

mão (f)	yad (m)	يد
braço (m)	ðirāʻ (f)	ذراع
dedo (m)	iṣbaʻ (m)	إصبع
unha (f)	ẓufr (m)	ظفر
palma (f) da mão	kaff (f)	كفّ

ombro (m)	katf (f)	كتف
perna (f)	riʒl (f)	رجل
joelho (m)	rukba (f)	ركبة
talão (m)	ʻaqb (m)	عقب
costas (f pl)	ẓahr (m)	ظهر

5. Vestuário. Acessórios pessoais

roupa (f)	malābis (pl)	ملابس
sobretudo (m)	miʻṭaf (m)	معطف
casaco (m) de peles	miʻṭaf farw (m)	معطف فرو
casaco, blusão (m)	ʒākīt (m)	جاكيت
impermeável (m)	miʻṭaf lil maṭar (m)	معطف للمطر

camisa (f)	qamīṣ (m)	قميص
calças (f pl)	banṭalūn (m)	بنطلون
casaco (m) de fato	sutra (f)	سترة
fato (m)	badla (f)	بدلة

vestido (ex. ~ vermelho)	fustān (m)	فستان
saia (f)	tannūra (f)	تنّورة
T-shirt, camiseta (f)	ti ʃirt (m)	تي شيرت
roupão (m) de banho	θawb ḥammām (m)	ثوب حمّام
pijama (m)	biʒāma (f)	بيجاما
roupa (f) de trabalho	θiyāb al ʻamal (m)	ثياب العمل

roupa (f) interior	malābis dāχiliyya (pl)	ملابس داخليّة
peúgas (f pl)	ʒawārib (pl)	جوارب
sutiã (m)	ḥammālat ṣadr (f)	حمّالة صدر
meias-calças (f pl)	ʒawārib kulūn (pl)	جوارب كولون
meias (f pl)	ʒawārib nisāʼiyya (pl)	جوارب نسائية
fato (m) de banho	libās sibāḥa (m)	لباس سباحة

chapéu (m)	qubbaʻa (f)	قبّعة
calçado (m)	aḥðiya (pl)	أحذية
botas (f pl)	būt (m)	بوت
salto (m)	kaʻb (m)	كعب
atacador (m)	ʃarīṭ (m)	شريط

graxa (f) para calçado	warnīʃ al ḥiðāʼ (m)	ورنيش الحذاء
luvas (f pl)	quffāz (m)	قفّاز
mitenes (f pl)	quffāz muχlaq (m)	قفّاز مغلق
cachecol (m)	ʼiʃārb (m)	إيشارب
óculos (m pl)	naẓẓāra (f)	نظّارة
guarda-chuva (m)	ʃamsiyya (f)	شمسيّة
gravata (f)	karavatta (f)	كرافتة
lenço (m)	mandīl (m)	منديل
pente (m)	miʃt (m)	مشط
escova (f) para o cabelo	furʃat ʃaʻr (f)	فرشة شعر
fivela (f)	bukla (f)	بكلة
cinto (m)	ḥizām (m)	حزام
bolsa (f) de senhora	ʃanṭat yad (f)	شنطة يد

6. Casa. Apartamento

apartamento (m)	ʃaqqa (f)	شقّة
quarto (m)	χurfa (f)	غرفة
quarto (m) de dormir	χurfat an nawm (f)	غرفة النوم
sala (f) de jantar	χurfat il akl (f)	غرفة الأكل
sala (f) de estar	ṣālat al istiqbāl (f)	صالة الإستقبال
escritório (m)	maktab (m)	مكتب
antessala (f)	madχal (m)	مدخل
quarto (m) de banho	ḥammām (m)	حمّام
quarto (m) de banho	ḥammām (m)	حمّام
aspirador (m)	miknasa kahrabāʼiyya (f)	مكنسة كهربائيّة
esfregona (f)	mimsaḥa ṭawīla (f)	ممسحة طويلة
pano (m), trapo (m)	mimsaḥa (f)	ممسحة
vassoura (f)	miqaʃʃa (f)	مقشّة
pá (f) de lixo	ʒārūf (m)	جاروف
mobiliário (m)	aθāθ (m)	أثاث
mesa (f)	maktab (m)	مكتب
cadeira (f)	kursiy (m)	كرسيّ
cadeirão (m)	kursiy (m)	كرسيّ
espelho (m)	mirʼāt (f)	مرآة
tapete (m)	siʒāda (f)	سجادة
lareira (f)	midfaʼa ḥāʼiṭiyya (f)	مدفأة حائطيّة
cortinas (f pl)	satāʼir (pl)	ستائر
candeeiro (m) de mesa	miṣbāḥ aṭ ṭāwila (m)	مصباح الطاولة
lustre (m)	naʒafa (f)	نجفة
cozinha (f)	maṭbaχ (m)	مطبخ
fogão (m) a gás	butuγāz (m)	بوتوغاز
fogão (m) elétrico	furn kaharabāʼiy (m)	فرن كهربائيّ

forno (m) de micro-ondas	furn al mikruwayv (m)	فرن الميكروويف
frigorífico (m)	θallāʒa (f)	ثلاجة
congelador (m)	frīzir (m)	فريزير
máquina (f) de lavar louça	ɣassāla (f)	غسّالة
torneira (f)	ḥanafiyya (f)	حنفيّة
moedor (m) de carne	farrāmat laḥm (f)	فرّامة لحم
espremedor (m)	ʿaṣṣāra (f)	عصّارة
torradeira (f)	maḥmaṣat χubz (f)	محمصة خبز
batedeira (f)	χallāṭ (m)	خلّاط
máquina (f) de café	mākinat ṣanʿ al qahwa (f)	ماكينة صنع القهوة
chaleira (f)	barrād (m)	برّاد
bule (m)	barrād aʃʃāy (m)	برّاد الشاي
televisor (m)	tilivizyūn (m)	تليفزيون
videogravador (m)	ʒihāz tasʒīl vidiyu (m)	جهاز تسجيل فيديو
ferro (m) de engomar	makwāt (f)	مكواة
telefone (m)	hātif (m)	هاتف